Habib Tekin

Deskriptive, quantitative und mathematische Analyse von Facebook in der Ära der Zeitschriften

GRIN Verlag

Bibliografische Information der Deutschen Nationalbibliothek:

Die Deutsche Bibliothek verzeichnet diese Publikation in der Deutschen National-
bibliografie; detaillierte bibliografische Daten sind im Internet über http://dnb.d-
nb.de/ abrufbar.

Impressum:

Copyright © 2011 GRIN Verlag GmbH
Druck und Bindung: Books on Demand GmbH, Norderstedt Germany
ISBN: 978-3-656-08442-6

Dieses Buch bei GRIN:

http://www.grin.com/de/e-book/183827/deskriptive-quantitative-und-mathemati-
sche-analyse-von-facebook-in-der

GRIN - Your knowledge has value

Der GRIN Verlag publiziert seit 1998 wissenschaftliche Arbeiten von Studenten, Hochschullehrern und anderen Akademikern als eBook und gedrucktes Buch. Die Verlagswebsite www.grin.com ist die ideale Plattform zur Veröffentlichung von Hausarbeiten, Abschlussarbeiten, wissenschaftlichen Aufsätzen, Dissertationen und Fachbüchern.

Besuchen Sie uns im Internet:

http://www.grin.com/

http://www.facebook.com/grincom

http://www.twitter.com/grin_com

Universität Mannheim
Germanistik
Wintersemester 2011

Wissenschaftliches Arbeiten

Deskriptive, quantitative und mathematische Analyse von *Facebook* in der Ära der Zeitschriften

Habib Tekin
5. Fachsemester
Mannheim, den 31.12.2011

Inhaltsverzeichnis

1. Einleitung

Die vorliegende Studienarbeit befasst sich mit einem Teilgebiet des *Social Webs*, das im Rahmen eines Seminars *Wissenschaftliches Arbeiten*, unter der Leitungs von Nicole Kochs gehalten wurde; dem sogenannten *Social Network* mit einem Vertiefungsbeispiel *Facebook*.

In erster Linier erfolgt eine kurze Definition von Social Webs; Was sind diese? Welche Prototypen gibt es? Wozu dienen sie? Daraufhin folgt der Teilgebiet Social Network. Hier wird erläutert, was ein soziales Netzwerk überhaupt ist, welche Eigenschaften, Merkmale und Unterschiede auszeichnend für ein soziales Netzwerk sind und anschließend folgt im Hauptteil der vorliegenden wissenschaftlichen Arbeit der Schwerpunkt des Themas: die Untersuchung des sozialen Netzwerks Facebook in deutsche Korpora, bzw. in der Frankfurter Rundschau ab dem Beginn der Aufnahme der Termini seitens der Redakteur- Akteure der Frankfurter Rundschau. Hier soll quantitativ gezeigt werden, wie weit der Begriff bzw. das soziale Netzwerk einen Platz in der Zeitschriftenära gemacht hat. Laut der Häufigkeitsverteilungen in den verschiedenen Jahren kann man nachvollziehen, wie weit das soziale Netzwerk das Interesse der Rezipienten geweckt hat, denn letztendlich verfassen die Journalisten je nach Interesse und Nachfrage des Adressaten bzw. der deutschen Bevölkerung. Diesbezüglich werden verschiedene durchschnittliche Werte im mathematischen Aspekt erstellt, um verschiedene Konstellationen der Darstellung von Durchschnittswerten vorzulegen.

2. Social Web

Das Social Web ist ein Teilbereich des Web 2.0 und fokussiert sich auf die Gebiete des Web 2.0, wie etwa der Unterstützung sozialer Strukturen und Interaktionen über das Internet. Eine Definition liefert Hippner im Jahre 2006 wie folgendermaßen:

> [Die Social Software[1] ist eine] webbasierte Anwendung, die für Menschen, den Informationsaustausch, den Beziehungsaufbau und die Kommunikation in einem sozialen Kontext [zu] unterstützen [dient].[2]

---

[1] Für Hippner ist die Termini *Social Software* mit *Social Web* gleichgültig.
[2] Ebersbach, Anja, Markus Glaser und Richard Heigl: Social Web. 2., völlig überarbeitete Auflage. Konstanz 2010, S.33. (Im folgenden wird nur noch wie folgendermaßen zitiert: Social Web, S.XX.)

Eine weitere Definition, die sich sehr stark an die Definition von Hippner hält, liefern Ebersbach, Glaser und Heigl im *Social Web* wie folgend:

> Das >>Social Web<< besteht aus (im Sinne des WWW) webbasierten Anwendungen, die für Menschen, den Informationsaustausch, den Beziehungsaufbau und deren Pflege, die Kommunikation und die kollaborative Zusammenarbeit in einem gesellschaftlichen oder gemeinschaftlichen Kontext zu unterstützen, sowie die Daten, die dabei entstehen und den Beziehungen zwischen Menschen, die diese Anwendungen nutzen.[3]

In Bezug auf Hippner gibt es einige Prinzipien von Social Web, wie etwa, dass Individuen im Mittelpunkt stehen, dass diese sich in Gruppen integrieren und nicht als Einzelkämpfer agieren, dass Personen, Beziehungen, Inhalte und Bewertungen durch den Social Web sichtbar gemacht werden, dass es eine Idee der Selbstorganisation gibt, das für die „Demokratisierung" des Webs dient, dass es eine soziale Rückkopplung in Form von Social Ratings gibt, da Bewertungen abgegeben werden können, die die beliebtesten Inhalte bewerten und somit belohnen und schließlich gibt es noch den Fokus auf die Struktur, mit welchem eine Art kollektives Wissen aufgebaut wird.[4]

Die Prototypen, die uns Ebersbach, Glaser und Heigl ebenfalls liefern sind *Wikis, Blogs, Microblogs, Social- Network- Dienste* und *Social Sharing*, wobei man auch sagen muss, dass die o.g. Prototypen überwiegend als Kombinationen auftauchen, wie etwa Wikis mit einer Social Network- Erweiterung. Die vorliegende Hausarbeit hingegen beschäftigt sich tiefgründig mit *Social Networks* am Beispiel von Facebook.[5]

3. Social Networks

3.1. Definition *Social Networks*

Social Networks sind Netzwerke, die die Beziehung zwischen Freunden, Bekannten bzw. Geschäftspartnern pflegen bzw. miteinander verknüpfen. Dabei gibt es verschiedene Merkmale, die *Social Networks* ausmachen bzw. genauer definieren. Dazu gehören unter anderem (1) die Registrierung, das heißt, jeder Interessent muss, um ins soziale Netzwerk einloggen zu können, sich registrieren, (2) das Vorhandensein

---

[3] Social Web, S.35.
[4] Vgl. Social Web, S.35f.
[5] Vgl. Social Web, S.37.

einer Profilseite, indem Interessen und Tätigkeiten eingetragen werden können, (3) das Vorliegen der Daten in strukturierter Form, (4) die Darstellung der Beziehung zu anderen Menschen, (5) die Bekanntschaft über die sprichwörtlichen „fünf Ecken" werden nachvollziehbar gemacht und (6) der starke Bezug zu realen Sozialbindungen.[6]

3.2. Eigenschaften und Unterschiede

Obwohl es bislang keine wissenschaftliche Einteilung der diversen Netzwerke gibt, soll im Folgenden dennoch versucht werden, die verschiedenen sozialen Netzwerke miteinander abzuwägen und zu differenzieren und somit eine Art wissenschaftliche Herangehensweise zu ermitteln. Demzufolge werden im Folgenden sieben Unterscheidungseinheiten nahe gelegt, wobei wir in das eine bzw. andere näher bzw. detaillierter eingehen werden. Doch vorneweg ist es erwähnenswert zu akzentuieren, dass man zwischen Business- und Freundeskreisnetzwerken differenzieren soll.[7]

Erstens ist der Zugang zum Netzwerk erwähnenswert, da es verschiedene Wege gibt, sich ins Netzwerk einzuloggen bzw. zu registrieren. Das heißt, man bekommt entweder eine Einladung von bereits vorhandenen Nutzern, oder eine Einladung vom Betreiber selbst, oder es erfolgt eine einfache uneingeschränkte Registrierung, das mit einem E-Mail Account anschließend verifiziert werden muss. Das letztere ist ebenfalls die am meisten verwendete Art des Zugangs.

Zweitens das Mitgliederprofil; indem man die freie Wahl hat, wählen zu können, welche Angaben man freigeben möchte, oder evtl. andere auch nicht, ob man ein Profilfoto uploaden möchte oder nicht, oder ganz einfach die Freigabe der Sichtbarkeit der eigenen Daten.

Drittens die Differenzierung der Kontakte: hier wird unter anderem differenziert zwischen Wechselseitigkeit vs. Einseitigkeit, Sichtbarkeit vs. Unsichtbarkeit, Beziehungsgrad und Kontext.

Viertens die Kontakte Pflegen: Die Kontakte werden gepflegt indem man entweder persönliche Nachrichten versendet, die über soziale Netzwerke möglich sind, desweiteren gibt es Funktionen wie das „Gruscheln" bei studiVZ, darüberhinaus stehen Pinnwand- und Gästebucheinträge zur Verfügung und schließlich die Statusmeldungen, die der Profilseiteninhaber selber Preis gibt.

---

[6] Vgl. Social Web, S.96.
[7] Vgl. Social Web, S.100ff.

Fünftens die Bildung von Gruppen in den sozialen Netzwerken: Hier werden Gruppen nach gemeinsamen Interessen, Hobbies Altersstufen etc. gebildet. Diese dienen ebenfalls der gemeinsamen Interaktion. Jedes Mitglied eines sozialen Netzwerks hat in der Regel die Möglichkeit selber eine Gruppe zu bilden.

Die beiden weiteren Unterscheidungseinheiten, auf die hier nicht länger eingegangen werden, sind die indirekten Zusatzinformationen und die ausgereifte Suchfunktion.

4. Facebook

4.1. Entstehung, Eigenschaften und Funktionen

Der Begriff *Facebook* ist eine Entlehnung aus dem Englischen und entspricht sinngemäß etwa dem *Studenteneintrag* im Deutschen. *Facebook* ist ein soziales Netzwerk, gegründet im Jahre 2004 von Mark Zuckerberg und seinen Mitgründern Dustin Moskovitz, Chris Hughes und Eduardo Saverin.[8]. Die Plattform weist ab Oktober 2011 rund 800 Millionen Mitglieder weltweit nach.[9][10] Die Jahreseinnahmen im Jahre 2010 betrugen etwa 2 Milliarden US- Dollar[11].

Zu der Entstehung des sozialen Netzwerks ist zu sagen, dass der Harvard-Student gemeinsam mit seinen Kommilitonen am 4.2.2004 die Plattform an der Universität gegründet hat. Zuerst war die Plattform nur für die Harvard Studenten zugänglich. Doch nachdem die Plattform an der Universität weiterentwickelt wurde, wurde sie zu einer Website für Studenten in den Vereinigten Staaten und dann erfolgte ebenfalls die Freigabe zur Registrierung für Unternehmensmitarbeiter. Ab September 2006 konnten sich ausländische Studenten in die Plattform registrieren, und später wurde die Seite für beliebige Nutzer freigegeben, sodass sie mittlerweile eine Anzahl von mehr als 800 Millionen Mitgliedern nachweisen.[12]

Die Funktionen, die Facebook zur Verfügung stellt, sind nicht weit von der unter 3.2. genannten Aspekte der sozialen Netzwerke zu halten. Eine kurze aber prägnante Beschreibung der Funktion liefert uns das Zitat:

---

[8] http://www.facebook.com/press/info.php
[9] http://diepresse.com/home/techscience/internet/695543/800-Millionen-nutzen-Facebook-einmal-im-Monat
[10] http://derstandard.at/1316733436483/Wachstum-800-Millionen-User-nutzen-Facebook-monatlich
[11] http://www.bloomberg.com/news/2010-12-16/facebook-sales-said-likely-to-reach-2-billion-this-year-beating-target.html
[12] http://www.facebook.com/press/info.php?timeline

Jeder Benutzer verfügt über eine Profilseite, auf der er sich vorstellen und Fotos oder Videos hochladen kann. Auf der Pinnwand des Profils können Besucher öffentlich sichtbare Nachrichten hinterlassen oder Notizen/Blogs veröffentlichen. Alternativ zu öffentlichen Nachrichten können sich Benutzer persönliche Nachrichten schicken oder chatten. Freunde können zu Gruppen und Events eingeladen werden. Facebook verfügt zudem über einen Marktplatz, auf dem Benutzer Kleinanzeigen aufgeben und einsehen können. Durch eine Beobachtungsliste wird man über Neuigkeiten, z. B. neue Pinnwandeinträge auf den Profilseiten von Freunden informiert. Die Benutzer auf Facebook sind in Universitäts-, Schul-, Arbeitsplatz- und Regionsnetzwerke eingeteilt.[13]

4.2. Mathematische Auswertung des Korpus

Nun erfolgt die mathematische Datenanalyse. Dabei werden die Häufigkeitsverteilungen ermittelt und das Suchlexem *facebook* im Lage- und Streuungsparameter analysiert. Hierbei ist der Lageparameter das *arithmetische Mittel*, der *Median* und der *Modus* und der Streuungsparameter die *Varianz*, *Standardabweichung* und *Spannweite*. Nun folgenden die genaueren Definitionen von den o.g. Termini, um zeigen zu können, was am Suchlexem mathematisch untersucht wurde.

Vorneweg ist zu erwähnen, dass die Parameter von Häufigkeitsverteilungen in univariater deskriptiver Verfahren mindestens in Lageparameter und Streuungsparameter differenziert werden müssen, um diese überhaupt ermitteln zu können[14]. „Die Lageparameter [dabei] geben die Position der Häufigkeitsverteilung auf der Merkmalsskala an.“[15]

Dabei ist das *arithmetische Mittel* der Durchschnitt aller Merkmalsausprägungen, sozusagen der Mittelwert, der *Median* ist, „die in einer der Größe nach geordneten Reihe von Beobachtungswerten in der Mitte steht“ (Homburg 2008, S. 87) und der *Modus*, auch Modalwert genannt, ist die am häufigsten auftretende Merkmalsausprägung[16].

Die *Streuungsparameter* geben Auskunft über den Verlauf der Daten – oder der Verteilungsfunktion – rechts und links des Mittelpunkts[17]. Dabei dient die *Varianz* zur Messung der Abweichung der Einzelnen Merkmalsausprägungen vom Mittelwert, die *Standardabweichung* wird ermittelt durch die Quadratwurzel aus der Vari-

[13] http://de.wikipedia.org/wiki/Facebook#cite_note-Mitgliederzahl_Die_Presse-1

[14] Vgl. HOMBURG, Ch., Krohmer, H.: Uni- und bivariate Verfahren. In: Marketingmanagement: Strategie – Instrumente – Umsetzung – Unternehmensführung, Wiesbaden 2009, S. 86. (Im folgenden wird nur noch wie folgermaßen zitiert: Homburg, S.XX)

[15] Homburg, S.86.

[16] Vgl. Homburg, S.86f.

[17] Vgl. Homburg, S.87.

anz und die *Spannweite* wird „definiert als die Differenz zwischen dem größten und dem kleinsten vorkommenden Merkmalswert"[18][19]

Schließlich erfolgen mathematisch die oben erläuterten Begriffe für die Datenanalyse in der Datenbank LexisNexis für *facebook:*

Jahr	2006	2007	2008	2009	2010	2011	$\sum$
Absolute Häufigkeit des Suchlexems	7	11	40	211	352	864	
Relative Häufigkeit des Suchlexems (Angaben in %)	0,47	0,74	2,69	11,21	23,7	58,18	1485
Relativ kumulierte Häufigkeit des Suchlexems (Angaben in %)	0,47	1,21	3,9	15,11	38,81	96,99	
Median: 7, 11, 40, 211, 352, 864 → **125,5** Arithmetisches Mittel: 1485/6= **247,5** Modus: keins Varianz (s) = 1/6 * [(7-247,5)² + (11-247,5)² + (40-247,5)² + (211-247,5)² + (352-247,5)² + (864-247,4)²] = **?** Standardabweichung = $\sqrt{1373,84}$ = **?** Spannweite: 864 − 7 = **857**							

Tabelle 1: Häufigkeitsverteilung, Lage- und Streuungsparameter[20]

5. Fazit

Mann kann sehr leicht erkennen, dass es nicht die einzige Interpretation gibt. Zusammenfassend kann man jedoch sagen, dass es deutlich wurde das soziale Netzwerk anhand eines Beispiels unter den Social Webs zu kategorisieren. Für das Beispiel ist es erwähnenswert, dass man sich im Klaren ist, dass Facebook – laut Angaben in der

---

[18] Homburg, S.88.
[19] Vgl. Homburg, S.87f.
[20] Recherchiert wurde in der kommerziell geführten Datenbank LexisNexis, die über die Universitätsbibliothek in Mannheim zugänglich ist, folgende Zeitung: Frankfurter Rundschau von 1996 bis 2011.

Tabelle – erst ab 2011 sehr von der deutschen Bevölkerung benutzt und ein großes Interesse gezeigt wird. Das hängt natürlich auch daran, dass Facebook wie o.g. erst nach einem bestimmten Zeitpunkt weltweit freigegeben wurde. Man sollte eigentlich genau an der quantitativen Analyse eingreifen, also nachdem die Tabelle erstellt hat, und qualitativ an die Sache herangehen und Beispiele auflisten, die unsere Aussagen und Vermutungen unterstützen. Dies würde jedoch in Betracht auf die ziemlich eingeschränkte Seitenanzahl der wissenschaftlichen Arbeit den Rahmen der Studienarbeit sprengen. Nichtsdestotrotz sind verschiedene Durchschnittswerte errechnet und dargestellt, die uns einen kleinen ersten Einblick über die Verwendung des Termini bzw. der damit gebundene Thematik in der Presselandschaft ermöglichen und somit nicht nur die hohe Wertschätzung des sozialen Netzwerks in den Medien darstellen, sondern da die Medien die Nachfrage der Rezipienten widerspiegeln, zeigt es ebenfalls die hohe Wertschätzung der deutschen Bevölkerung in Bezug auf das soziale Netzwerk Facebook.

6. Literaturverzeichnis

Sekundärliteratur:

❖ EBERSBACH, Anja, Markus Glaser und Richard Heigl: Social Web. 2., völlig überarbeitete Auflage. Konstanz 2010.

❖ HOMBURG, Ch., Krohmer, H.: Uni- und bivariate Verfahren. In: Marketingmanagement: Strategie – Instrumente – Umsetzung – Unternehmensführung, Wiesbaden 2009.

Internetadressen:

❖ http://www.facebook.com/press/info.php. 29.11.2011, 18h.

❖ http://diepresse.com/home/techscience/internet/695543/800-Millionen-nutzen-Facebook-einmal-im-Monat. 29.11.2011, 18.15h.

❖ http://derstandard.at/1316733436483/Wachstum-800-Millionen-User-nutzen-Facebook-monatlich. 29.11.2011, 18.19h.

❖ http://www.bloomberg.com/news/2010-12-16/facebook-sales-said-likely-to-reach-2-billion-this-year-beating-target.html. 29.11.2011, 18.37h.

❖ http://www.facebook.com/press/info.php?timeline. 29.11.2011, 18.55h.

❖ http://de.wikipedia.org/wiki/Facebook#cite_note-Mitgliederzahl_Die_Presse-1. 29.11.2011, 19.05h.